1849
ALMANACH
DES MONTAGNARDS

DOCTRINES, PRINCIPES ET BUT

DES

ROBESPIERRE, MARAT, CARRIER, CREPPO,

L. Blanc, Caussidière, Blanqui, Proudhon, Cabet, Hubert, P. Leroux, Barbès, Raspail, etc.

25 CENT.

PARIS.

OGES, Éditeur, 39, rue Saint-André-des-Arts.

Imprimerie de E. de CHOISY,
Passage des Panoramas, 16, galerie Montmartre.

HISTOIRE

DES

MONTAGNARDS

DOCTRINES, PRINCIPES ET BUT

DES

ROBESPIERRE, MARAT, CARRIER, CRÉPEAU,

Louis Blanc, Caussidière, Blanqui, Proudhon, Cabet, Hubert, Pierre Leroux, etc.

PARIS.

DESLOGES, ÉDITEUR,

RUE SAINT-ANDRÉ-DES-ARTS, Nº 59.

1848

T 22

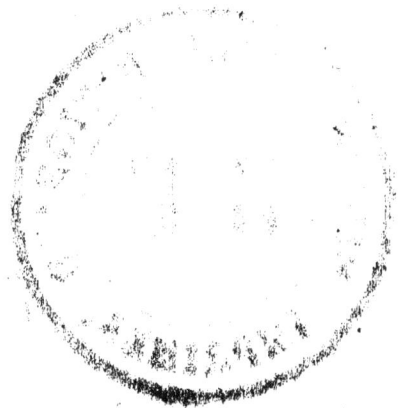

PARIS. — IMPRIMERIE DE POMMERET ET MOREAU,
17, quai des Grands-Augustins.

JANV. 1849	FÉVRIER.	MARS.
Croiss. 32' m. 32' s.	Croiss. 44' m. 45' s.	Croiss. 54' m. 54' s.

		JANV.			FÉVR.			MARS
1	l	Circoncision.	1	j	s. Ignace.	1	j	s. Aubin.
2	m	s. Basile, *ev.*	2	v	*Purificat.*	2	v	s. Simplice.
3	m	s. Geneviève	3	s	s. Blaise.	3	s	s° Cunégonde.
4	j	s. Rigobert.	4	D	*Septuagés.*	4	D	*Reminisc.*
5	v	s. Siméon.	5	l	s° Agathe.	5	l	s. Drausin.
6	s	Epiphanie.	6	m	s. Amand	6	m	s° Colette
7	D	s. Théaulon.	7	m	s. Romuald.	7	m	s. Thomas.
8	l	s. Lucien.	8	j	s. Jean de M.	8	j	s. J. de D.
9	m	s. Furcy.	9	v	s° Apolline.	9	v	s° Françoise.
10	m	s. Paul, *erm*	10	s	s° Scholastiq	10	s	s. Doctrové.
11	j	s. Théodose.	11	D	*Sexagés.*	11	D	*Ocull.*
12	v	s. Arcade.	12	l	s° Eulalie.	12	l	s. Pol.
13	s	Bapt. de *N. S.*	13	m	s. Lézin.	13	m	s° Euphrasie
14	D	s. Hilaire.	14	m	s. Valentin.	14	m	s. Lubin.
15	l	s. Maur.	15	j	s. Faustin.	15	j	s. Longin.
16	m	s. Guillaume.	16	v	s° Julienne.	16	v	s. Abraham.
17	m	s. Antoine.	17	s	s. Silvain.	17	s	s° Gertrude.
18	j	Ch. s. Pierre.	18	D	*Quinquag.*	18	D	*Lætare.*
19	v	s. Sulpice.	19	l	s. Gabin.	19	l	s. Joseph.
20	s	s. Sébastien.	20	m	s. Eucher.	20	m	s. Joachim.
21	D	s° Agnès.	21	m	*Cendres.*	21	m	s. Benoît.
22	l	s. Vincent.	22	j	s° Isabelle.	22	j	s. Léon.
23	m	s. Ildefonse.	23	v	Ch. s. Pierre.	23	v	s. Victorien.
24	m	s. Babylas.	24	s	s. Mathias.	24	s	s. Gabriel.
25	j	Conv. s. Paul.	25	D	*Quadragés*	25	D	*Passion.* AN.
26	v	s° Paule.	26	l	s. Porphyre.	26	l	s. Ludger.
27	s	s. Julien.	27	m	s. Léandre.	27	m	s. Rupert.
28	D	s. Charlemag	28	m	s. Rom. 4 T.	28	m	s. Gontrand.
29	l	s. Fran. de S.	2			29	j	s. Eustase.
30	m	s° Bathilde.			N. d'or. 7. Ep. VI.	30	v	s. Rieul.
31	m	s. Pierre Nol.			Lettre dominic. G.	31	s	s. Gui.

P.Q. le 2. P.L. le 8. DQ. 16. NL. 24. PQ. 31.

P.L. le 7. D.Q. le 15 N.L. le 23.

P.Q. le 2 P.L. le 9. DQ. 17. NL. 24. PQ. 31.

AVRIL.

Croiss. 50' m. 50' s.

1	D	*Rameaux.*
2	l	s. Fr. de P.
3	m	s. Richard.
4	m	s. Elphège.
5	j	s. Ambroise.
6	v	*Vend. Saint*
7	s	s. Egésipe.
8	D	PAQUES.
9	l	sᵉ Marie Eg.
10	m	s. Macaire.
11	m	s. Léon.
12	j	s. Jules.
13	v	s. Justin.
14	s	s. Tiburce.
15	D	*Quasimod.*
16	l	s. Paterne.
17	m	s. Anicet.
18	m	s. Parfait.
19	j	s. Léon, pape
20	v	sᵉ Hildegonde
21	s	s. Hospice.
22	D	sᵉ Opportune.
23	l	s. Georges.
24	m	s. Léger.
25	m	s. Marc.
26	j	s. Clet.
27	v	s. Polycarpe.
28	s	s. Vital.
29	D	s. Robert.
30	l	s. Eutrope.

P.L. le 7. D.Q. le 15.
N.L. le 23. P.Q. le 29

MAI.

Croiss. 39' m. 38' s.

1	m	s. Ph. s. J.
2	m	s. Athanase.
3	j	Inv. sᵉ Croix.
4	v	sᵉ Monique.
5	s	C. de s. Aug.
6	D	s. Jean P. L.
7	l	s. Stanislas.
8	m	s. Désiré.
9	m	s. Grégoire.
10	j	s. Gordien.
11	v	s. Mamert.
12	s	s. Nérée.
13	D	s. Servais.
14	l	*Rog.* s. Pac.
15	m	s. Isidore.
16	m	s. Honoré.
17	j	ASCENSION.
18	v	s. Eric.
19	s	s. Yves.
20	D	s. Bernard.
21	l	s. Hospice.
22	m	sᵉ Julie.
23	m	s. Didier, *év.*
24	j	s. Jeanne.
25	v	s. Urbain.
26	s	s. Ph. de N. *vj*
27	D	PENTECOTE.
28	l	s. Germain.
29	m	s. Maximin.
30	m	sᵉ Emilie. 4T
31	j	sᵉ Pétronille.

P.L. le 7. D.Q. le 15.
N.L. le 22. P.Q. le 28

JUIN.

Croiss. 8' m. 8' s.

1	v	s. Thierri.
2	s	s. Pothin.
3	D	*Trinité.*
4	l	s. Quirin.
5	m	s. Boniface.
6	m	s. Claude.
7	j	FÊTE-DIEU.
8	v	s. Médard.
9	s	s. Prime.
10	D	s. Landri.
11	l	s. Barnabé.
12	m	s. Basilide.
13	m	s. Ant. de P.
14	j	s. Rufin
15	v	s. Guy.
16	s	s. Fargeau.
17	D	s. Avit.
18	l	sᵉ Marine.
19	m	s. Gerv. s. P.
20	m	s. Silvère.
21	j	s. Leufroi.
22	v	s. Paulin.
23	s	s. Félix.
24	D	s. *Jean Bap*
25	l	s. Prosper.
26	m	s. Babolein.
27	m	s. Crescent.
28	j	s. Irénée *vj.*
29	v	s. *P. s. P.*
30	s	Com. s. P.

P.L. le 5. D.Q. le 13
N.L. le 20. P.Q. le 27

JUILLET.	**AOUT.**	**SEPTEMB.**
Décrois. 28' m. 28' s.	Décrois. 47' m. 48' s.	Décrois. 54' m. 54' s.

1	D	s. Martial.	1	m	s. Pierre ès-L.	1	s	s. Leu, s. Gill
2	l	Vis. de N. D.	2	j	s. Etienne, p.	2	D	s. Lazare.
3	m	s. Anatole.	3	v	Inv. de s. Ét.	3	l	s. Grégoire.
4	m	Trans. s. Mar.	4	s	s. Dominique.	4	m	sᵉ Rosalie.
5	j	s Zoé, mart.	5	D	s. Yon, mart.	5	m	s. Bertin.
6	v	s. Tranquille.	6	l	Tr. de N. S.	6	j	s. Onésiphore
7	s	s Aubierge.	7	m	s. Gaëtan.	7	v	s. Cloud.
8	D	sᵉ Lucie.	8	m	s. Justin.	8	s	NAT DE LA V.
9	l	sᵉ Victoire.	9	j	s. Spire.	9	D	s. Omer, év.
10	m	sᵉ Félicité.	10	v	s. Laurent.	10	l	sᵉ Pulchérie.
11	m	Tr s. Benoît.	11	s	Susc. de sᵉ C.	11	m	s. Patient, év.
12	j	s. Gualbert.	12	D	sᵉ Claire.	12	m	s. Serdot.
13	v	s. Turiaf.	13	l	s. Hippolyte.	13	j	s. Maurille.
14	s	s. Bonavent.	14	m	s. Euséb. v. j.	14	v	Ex. sᵉ Croix.
15	D	s. Henri.	15	m	ASSOMPTION	15	s	s. Nicomède.
16	l	N.-D. M.-C.	16	j	s. Roch.	16	D	s. Cyprien.
17	m	s. Frédéric.	17	v	s. Mamert.	17	l	s. Lambert.
18	m	s. Clair.	18	s	s Hélène.	18	m	s.Jean Chrys.
29	j	s. Vinc. de P.	19	D	s. Louis, év.	19	m	s. Janvier.4T
20	v	s Marguerit.	20	l	s. Bernard.	20	j	s. Eustache.
21	s	s. Victor, m.	21	m	s. Privat.	21	v	s. Mathieu.
22	D	s Madeleine.	22	m	s. Simphor.	22	s	s. Maurice.
23	l	s. Apollinaire.	23	j	s. Sidoine, v.	23	D	sᵉ Thècle, v.
24	m	s Christine.	24	v	s. Barthélemi.	24	l	s. Andoche.
25	m	s. Jacq. s. Ch.	25	s	s. Louis, roi.	25	m	s. Firmin.
26	j	Tr. s. Marcel.	26	D	s. Zéphirin.	26	m	sᵉ Justine.
27	v	s. Pantaléon.	27	l	s. Césaire.	27	j	s. Cô. s. Dam.
28	s	s Anne.	28	m	s. Augustin.	28	v	s. Céran.
29	D	s Marthe.	29	m	Déc. s. Jean.	29	s	s. Michel.
30	l	s. Abdon	30	j	s. Fiacre.	30	D	s. Jérôme.
31	m	s. Ger. l'Aux.	31	v	s. Ovide.			

P.L. le 5. D.Q. le 13   P.L. le 4. D.Q. le 11   P.L. le 2. D.Q. le 9
N.L. le 19. P.Q. le 27   N.L. le 18. P.Q. le 25   N.L. le 10. P.Q. le 24

OCTOBRE.	NOVEMB.	DÉCEMB.
Décrois. 52' m. 52' s.	Décroiss. 40' m. 39 s.	Décrois. 8' m. 8' s.

1	l	s. Remi, *év.*	1	j	TOUSSAINT.	1	s	s. Eloi.
2	m	ss. Ang. gard.	2	v	Trépassés.	2	D	*Av.* s. Fr.-X.
3	m	s. Cyprien.	3	s	s. Marcel, *év.*	3	l	s. Mirocle.
4	j	s. Fran. d'Ass	4	D	s. Charles.	4	m	s° Barbe.
5	v	s° Aure, *v.*	5	l	s° Bertilde.	5	m	s. Sabas, *ab*
6	s	s. Bruno.	6	m	s. Léonard.	6	j	s. Nicolas.
7	D	s. Serge.	7	m	s. Wilbrod.	7	v	s° Fare, *v.*
8	l	s° Pélagie.	8	j	stes Reliques.	8	s	CONCEPTION.
9	m	s. Denis, *év.*	9	v	s. Mathurin.	9	D	s° Léocadie.
10	m	s. Géréon, *m.*	10	s	s. Léon.	10	l	s° Valère.
11	j	s. Firmin.	11	D	s. Martin.	11	m	s. Fuscien.
12	v	s. Vilfride.	12	l	s. René, *év.*	12	m	s. Damas.
13	s	s. Edouard.	13	m	s. Brice, *év.*	13	j	s° Luce, *v.*
14	D	s. Caliste.	14	m	s. Maclou.	14	v	s. Nicaise.
15	l	s° Thérèse.	15	j	s. Eugène.	15	s	s. Mesmin.
16	m	s. Gal, *abbé.*	16	v	s. Eucher.	16	D	s° Adélaïde.
17	m	s. Cerboney.	17	s	s. Agnan.	17	l	s° Olympe.
18	j	s. Luc, *év.*	18	D	s° Aude.	18	m	s. Galien.
19	v	s. Savinien.	19	l	s° Elisabeth.	19	m	s. Meuris. 4 *T.*
20	s	s. Sendou.	20	m	s. Edmond.	20	j	s. Philogone.
21	D	s° Ursule.	21	m	Pr. de la V.	21	v	s. Thomas, *ap*
22	l	s. Mellon.	22	j	s° Cécile.	22	s	s. Honorat.
23	m	s. Hilarion.	23	v	s. Clément.	23	D	s° Victoire.
24	m	s. Magloire.	24	s	s° Flore, *v.*	24	l	s. Yves. *v. j.*
25	j	s. Crép. s. Cr.	25	D	s° Catherine.	25	m	NOEL.
26	v	s. Rustique.	26	l	s° Genev. A.	26	m	s. *Etienne.*
27	s	s. Frumence.	27	m	s. Severin.	27	j	s. *Jean, ap.*
28	D	s. Simon s. J.	28	m	s. Sosthènes.	28	v	ss. Innocents.
29	l	s. Faron, *év.*	29	j	s. Saturnin.	29	s	s. Thomas C.
30	m	s. Lucain.	30	v	s. André.	30	D	s° Colombe.
31	m	s. Quent. *v. j.*				31	l	s. Sylvestre.

P.L. le 2. D.Q. le 9	D.Q. le 7. N.L. le 14	D.Q. le 6. N.L. le 14
N. 16. PQ. 24. PL. 31	P.Q. le 23. P.L. le 30	P.Q. le 22. P.L. le 29

LES MONTAGNARDS

de 1793 et 1848.

— ◆ —

Je ne suis ni monarchiste ni républicain ; je suis mieux que cela , je suis patriote. Quiconque est monarchiste ou républicain quand même, est esclave. Accepter une république ou une monarchie quelle qu'elle soit, c'est le propre d'un fanatique ou d'un ambitieux égoïste qui veut à tout prix se créer un rôle politique et établir sa fortune, fût-ce sur les ruines de sa patrie. Vouloir une république ou une monarchie quelle qu'elle soit, c'est partir d'un faux principe qui conduit à l'absurde, c'est se faire l'apologiste de tous les crimes du despotisme. Les partisans d'une république quand même excuseront et approuveront toutes les iniquités provenant de leur parti, et blâmeront même les plus beaux faits de leurs adversaires; ainsi, pour eux, tout sentiment de justice est banni ; d'après leur principe, ils approuveront tout ce que feront leurs amis politiques : la loi des suspects, les visites domiciliaires, les délations, les condamnations iniques et l'échafaud de 93. Ils sont forcés d'appeler supportables les élections frauduleuses de la place d'Athènes et du Forum, où s'achetaient publiquement les votes; ils sont forcés d'amnistier l'arrogante licence des décemvirs romains et tous les manques de foi, et tous les démembrements, et la pauvreté, et les abus, et la démoralisation qui peuvent suivre une mauvaise administration, soit que l'Etat ait pour nom *monarchie* ou *république.*

Peu nous importe la forme du gouvernement, pourvu que l'Etat soit bien administré, pourvu que la misère, cette hideuse plaie de la société, se cicatrise; pourvu que la délation des Robespierre, le vol des Delaunay et des Chabot, les cruautés des Lebon-Saint-André et des Carrier, le cynisme des Hébert et les énormités des Chaumette, des Marat, ne viennent pas souiller les pages de l'histoire. Nous voulons, avant tout, le bien-être général, le repos public et l'honnêteté administrative. Le chef d'un Etat, quel qu'il soit, aura bien mérité du pays s'il lui donne l'ordre et la prospérité à l'intérieur et la dignité au dehors. L'homme a droit à l'hommage ou à la répulsion de ses concitoyens par le bon ou mauvais usage qu'il fait de ses devoirs et de ses droits, et non parce qu'il est fils d'un Robespierre, d'un Condé ou d'un Bourbon. Mais ce n'est pas ainsi que raisonnent les partisans quand même du système qu'ils ont adopté. Ils ne voient rien en dehors de ce système : suivant qu'ils sont monarchistes ou

républicains, ils ne veulent pour gouverner
que des monarchistes ou des républicains
quand même; périsse leur patrie plutôt que
leur principe! Que résulte-t-il de cette manière
niaise de penser? Qu'ils mettent à la tête de
l'Etat non des hommes capables et pratiques,
comme le voudraient la justice et le bon sens,
mais des fanatiques et des incapables qui n'ont
d'autres mérites que celui d'être amis des
chefs du pouvoir auxquels ils sont soumis
quand même. Qu'avons-nous vu aux grandes
élections où tout Français, fier de son droit
de citoyen, venait en déposant son vote rendre hommage au suffrage universel? Des
courtiers d'élection payés parcouraient les
provinces, quêtant des votes de ville en ville
et jurant d'être dévoués quand même aux
hommes proposés par les républicains rouges.
Pour justifier leurs actes, les partisans d'une
opinion quand même se posent le plus souvent en victime. Ils oppriment et prétendent
être opprimés; ils pillent et crient : Au voleur; ils mettent le feu à l'édifice social et
prétendent que l'incendie est allumé par ceux
dont la flamme dévore le bien; ils rêvent pour
eux et pour leurs amis les premières charges
de l'Etat, et crient que ceux qu'ils veulent
dépouiller sont avides de richesses. Sont-ils
au bas de l'échelle, ils demandent la liberté
illimitée de la presse, l'égalité devant les
droits de l'homme et l'abolition de tous les
priviléges. Eh bien! laissez-les arriver au

dernier échelon, et vous les verrez prodiguer les décrets contre les journaux et soumettre tout au régime de la faveur, en faisant de leurs courtisans autant de petits rois.

Vous le voyez, nous avons bien des raisons pour n'être ni monarchiste ni républicain quand même; et toutes ces raisons sont des faits passés et présents, car dans tous les temps un faux principe a les mêmes conséquences, sous la monarchie comme sous l'empire, sous l'empire comme sous la république. Vous donc, hommes sages qui dominez les partis afin de rester purs, vous qui combattez toutes les tyrannies parce que vous n'avez aucun des vices qui font tolérer les tyrans, venez en aide à tous ceux qui, comme nous, sans autre ambition que celle du bonheur de tous, et sans autre expectative que celle d'être utiles à la patrie, regardent moins les hommes que les bons principes et n'approuvent que ce qui est légitime. Nous ne sommes pas hostiles à une bonne république, parce que la nation est une souveraine légitime, et qu'une bonne république n'est autre chose que la nation se gouvernant par elle-même avec de justes lois. Mais ce que nous ne pouvons assez flétrir, c'est la royauté d'escamotage, qui s'obtient par la ruse et croit se maintenir par le despotisme. Si nous avions le malheur de changer encore de régime (Dieu nous en garde!), que cette royauté d'escamotage soit à jamais repoussée. Un roi légitime ou une république légitime, voilà les seuls gouvernements capables de faire le bonheur d'un Etat.

Bonaparte se fit un empire d'escamotage en immolant la république, et, malgré son génie, il ne put rester sur le trône. Quel art pourtant dans cet homme, et comme il sut user de tous les moyens! La France, qui se jeta dans ses bras espérant qu'il lui ferait oublier les horribles scènes de la terreur, ne fit que changer de despote. Le peuple qui avait renversé une bastille en retrouva huit nouvelles. Le citoyen français se croyait un être intelligent, capable de nommer ses représentants et de discuter au besoin leurs actes, Bonaparte lui apprit qu'il n'était qu'un vil instrument de la volonté de l'empereur, qu'il devait se faire tuer pour le bon plaisir d'un homme qui lui faisait payer une conquête souvent inutile et injuste au prix de sa liberté, de son bonheur domestique et de sa moralité, qui se change facilement dans les camps en esprit de pillage. Encore quelques années de règne, et Napoléon eût rétabli la plupart des priviléges abolis le 4 août 1789 par le généreux élan du clergé, de la noblesse et du tiers-état. Bonaparte comblait les nobles de plus de faveurs qu'ils n'en reçurent jamais des Bourbons, qui depuis Hugues-Capet conduisirent de concession en concession le peuple à la liberté.

Sous l'empire, les places d'honneur étaient

pour les nobles à la cour et dans les camps,
tandis que je puis citer le proche parent d'un
prince et plusieurs nobles qui portèrent sous
Louis XVIII le sac sur le dos. Mais le peuple,
qu'éblouissait la gloire du conquérant, ne
voyait ni le despotisme du gouvernant ni les
privilèges qu'il faisait partout renaître ; le
nombre des journaux était restreint, et l'on
n'entendait plus que les éloges des moniteurs
du gouvernement. La presse opposante étant
bâillonnée, les exactions, le favoritisme, les
vols passaient inaperçus, tandis que les victoires étaient publiées à son de trompe d'un
bout de l'empire à l'autre. Le despotisme était
si bien organisé, que Bonaparte pouvait im-
punément tout ordonner, tout exiger. L'empereur tomba pourtant, malgré sa ruse, son
audace et son génie, et en tombant il légua
plus de maux à la patrie qu'il ne gagna de
victoires.

Un deuxième essai de royauté d'escamotage ne fut pas plus profitable à son auteur.
La république allait être proclamée en 1830,
quand parut Louis-Philippe, présenté par
Laffitte et Lafayette, les hommes les plus
aimés du peuple. L'habile prince joua si bien
son rôle, que tous les cœurs volèrent à lui. Le
roi d'escamotage viola toutes les promesses
que la nécessité lui avait arrachées. Censeur
du club des Jacobins, l'ami de Camille Desmoulins et de Danton ne se souvint plus des
exemples du passé. Lui qui avait vu tomber

Napoléon, sembla ignorer les causes qui pré-
cipitent un roi d'escamotage de son trône. La
peur est une des conséquences des royautés
de cette nature ; comme il avait trompé tout
le monde, et son principe ne lui permettait
pas de mieux faire, il se défiait de chacun ; il
était rampant avec l'étranger comme un cri-
minel. Il étouffait la voix de la presse comme
s'il eût craint qu'elle criât : Au voleur. Il fit
de la compression un système qui eut son
code, sa police et ses agents diplomatiques ;
tout fut soumis à ce régime ; toute idée de
grandeur et de développement disparut ; tout
tendit à l'égoïsme et la rapacité. La France
menaçait de se corrompre jusque dans ses
dernières veines.

Quelque vile que soit la politique d'un roi
révolutionnaire, il trouve toujours des ministres pour la louer et lui prêter l'appui de
leur talent. Guizot fut un de ces ministres.
M. Thiers avait fait voter les lois de septem-
bre ; M. Guizot voulut renchérir sur cette
odieuse atteinte portée aux droits du citoyen :
il désavoua le courage dans la personne de
Dupetit-Thouars ; il flétrit le dévouement,
subventionna l'infamie, indemnisa les ennemis qui nous outrageaient, et s'avilit si
bien qu'on ne prononça plus son nom sans un
sentiment de dégoût et de mépris. Tels sont
le roi et les ministres d'une royauté d'escamotage. Une pareille lâcheté accompagne-t-
elle un gouvernement légitime ? Non ; l'homme

qui a la conscience de son droit, qu'il soit roi, empereur ou président d'une république, marche avec majesté, comme Charlemagne et Louis XIV, et avec dignité comme Wasington.

Vous que nous investissons de notre confiance, restez donc nos gouvernants légitimes; car s'il vous prenait fantaisie d'avoir à votre tour une royauté d'escamotage, il faudrait vous détrôner comme nous avons détrôné Louis-Philippe, et vous savez ce que ces révolutions coûtent à la patrie!

Sous Charles X, la France payait 900,000,000 d'impôts; elle économisait 300,000 fr. par jour. Après 1830, sous la monarchie d'escamotage, la France payait 1,400,000,000 d'impôts, et elle s'endettait de 500,000 fr. par jour.

Où ce chiffre s'arrêterait-il, s'il nous fallait subir encore une monarchie d'escamotage? Mais, après l'exemple du passé, qui oserait rétablir une telle monarchie? Il faudrait pour cela être insensé ou traître à la patrie; car tous ceux qui prendraient part à cet acte feraient le malheur de la France. Que MM. Thiers, Odilon-Barrot, Isambert, Sénard, etc., se pénètrent bien de ces vérités.

CORRESPONDANCE.

J'ai dit, dans le chapitre précédent, ce que je pensais des partisans d'une monarchie ou d'une république, quelle qu'elle soit ; qu'on juge par les actes de certains Jacobins si mon opinion est exagérée.

BOUCHOTTE A BARRÈRS.

« ..... L'esprit des armées s'améliore ; après le 21 mai, le comité manifesta l'intention d'envoyer des papiers publics aux armées ; des fonds furent mis à la disposition du conseil. La feuille du *Père Duchêne*, le *Journal des Hommes libres*, le *Journal universel* et plusieurs autres furent expédiés gratis ; le but était d'empêcher les soldats de s'engouer de leurs généraux et de présenter les aristocrates sous des couleurs odieuses. »

Or, ce journal du père Duchéne, expédié gratis aux armées, c'était ce que la presse de Paris avait de plus ignoble, de plus vil et de plus lâche. Hébert, voleur de contremarque, était méprisé de tout ce qui conservait alors un reste de pudeur. Camille Desmoulins le flagellait sans pitié et prodiguait tous les noms flétrissants à ce misérable, dont l'étranger montrait la feuille quand il voulait faire croire aux soldats que la France était plongée dans un abrutissement dont elle ne se réveillerait jamais, puisqu'elle laissait imprimer et encourageait même de telles infamies. Mais l'étranger les abusait ; ce n'était pas la France qui applaudissait aux œuvres d'Hébert ; non, ce n'était pas la France, mais les bourreaux de la terreur.

La liberté vide la coupe empoisonnée de la calomnie qui rampe à ses pieds ; maudit les traîtres, les hypocrites et les lâches qui sèment en son nom les guerres civiles, et menace de son sceptre les suppôts des crimes qui désolent l'humanité.

GARNIER A DAUBIGNY.

« J'aurais bien besoin à Paris.... On ne peut être plus malheureux.... mais je m'en f..., pourvu qu'on triomphe.... Saint-Just a tout vivifié en Alsace et porté de vigoureux coups à la stupidité allemande. Il nous arrive de tous côtés des colonnes d'apôtres révolutionnaires, de solides sans-culottes. *Sainte guillotine est dans la plus brillante activité*, et la *bienfaisante* terreur produit ici, d'une manière miraculeuse, ce qu'on ne devait espérer d'un siècle au moins par la raison et la philosophie. Quel maître b..... que ce garçon-là (Saint-Just) : la collection de ses arrêts sera sans contredit un des plus beaux monuments historiques de la révolution.... Au premier moment de libre, je m'occuperai de quelques individus qui se sont conduits ici comme des imbéciles ; je les dénoncerai aux Jacobins.... Le moment de la justice terrible est arrivé, et toutes les têtes doivent passer sous le niveau national. »

————————

A la bonne heure ! l'auteur de cette lettre avoue du moins qu'il était fou, dans cette phrase : « et la bienfaisante terreur produit ici ce qu'on ne devait espérer d'un siècle au moins par la raison et la philosophie. » Il est clair que si l'on ne pouvait obtenir par la raison ce beau produit de la bienfaisante terreur, on l'obtenait par la folie. Il n'y a pas de milieu, il n'y a que les fous qui manquent de raison.

DARTHÉ A LEBAS.

Cambrai, 30 floréal an 2.

« Bonne nouvelle! le comité a dit à Lebon qu'il espérait que nous irions de mieux en mieux. Robespierre voudrait que chacun de nous pût former seul un tribunal, et empoigner chacun une ville de la frontière. L'esprit public est ici monté au plus haut degré, le tribunal ne peut plus y suffire. Nous frappons à coup sûr.... il a fallu donner quelques coups de fouet et mettre le feu sous le ventre à nos sans-culottes. »

BUISSART A COLLOT-D'HERBOIS.

« ... Nous mourons de faim au milieu de l'abondance... Je crois qu'il faut tuer l'aristocratie mercantile, comme on a tué celle des nobles et des prêtres. Les communes, à la faveur d'un comité de subsistances et de marchandises, doivent seules être admises à faire le commerce. Cette idée, bien développée, peut se réaliser et tournerait à l'avantage des sans-culottes. »

COLLOT-D'HERBOIS A ROBESPIERRE.

Commune-Affranchie, 3 frimaire, an 2 (1).

« ... Je ne crois pas avoir fléchi, quoique souvent ma santé et mes forces m'aient trahi. J'ai marché à grands pas vers les mesures méditées... L'armée révolutionnaire arrive enfin après demain, et je pourrai remplir de plus grandes choses. Il faut déporter et disperser cent mille individus travaillant aux fabriques, et bien éloignés de la dignité et de l'énergie qu'ils doivent avoir. En les disséminant parmi les hommes libres, ils en prendront les sentiments. Tu as trop de philosophie pour que cette idée t'échappe. J'ai beaucoup à me louer de nos Jacobins, j'aurais désiré aussi quelques autres frères pour les administrations et les bureaux... Si Montaut ne part pas, fais-en partir un autre. Écris-nous aussi : une lettre de toi fera grand effet sur tous nos Jacobins... La population actuelle de Lyon est de 130,000 âmes au moins; il n'y a pas de subsistances pour trois jours; je le répète, il faut en expédier au moins 60,000. On pourrait les répandre avec précaution sur la surface de la république; cependant les générations qui en proviendraient ne seraient jamais complétement pures... Hier, un spectateur revenant d'une exécution, disait : « Cela n'est pas trop dur;

(1) Lyon.

que ferai-je pour être guillotiné? insulter les représentants! » Juge combien de telles dispositions sont dangereuses. Voilà l'état des choses. »

LAPORTE A COUTHON.

Commune-Affranchie, 15 germinal an 2.

« Il s'est commis ici d'horribles dilapidations. Les *frères* ont apposé les scellés; ils ont les clefs des magasins séquestrés; ils ont mis dans ces maisons et magasins des *gardiateurs* à leur dévotion, sans avoir fait d'inventaires. Ils ont chassé de leur domicile femmes, enfants et domestiques pour n'avoir pas de témoins. Cela fait du bruit, il faudrait aller plus doucement, je te le dis en confidence... Ils forcent les serrures et pillent sous les yeux du peuple; ce n'est pas cela. Un nommé Castaing, que tu connais, s'est installé dans la maison d'un millionnaire séquestré; il y fait des orgies avec des filles; il faudrait le rappeler à l'ordre, sans quoi il va gâter nos affaires; notre caractère s'avilira, et cet avilissement détruira tout. »

PAYAN A ROMAN-FONROSA.

« Il n'y a pas de milieu, il faut être totalement révolutionnaire, ou renoncer à la régénération... Les demi-mesures ne sont que des palliatifs... Tu as une grande mission à remplir; oublie que la nature te fit homme sensible... L'humanité individuelle est un crime. Si tu n'as pas la force et la fermeté nécessaires pour frapper, la nature ne t'a pas destiné à être libre. »

PARREIN, général et président de la commission révolutionnaire de Lyon, à Payan.

22 germinal an 2.

« *P. S.* Je t'envoie, mon ami, deux jugements qui te prouveront combien notre tribunal est l'ami de la Montagne et l'ennemi des rois, puisque l'on punit de mort un homme qui avait osé calomnier la Montagne. La guillotine est placée devant une montagne ; on dirait que toutes les têtes lui rendent en tombant l'hommage qu'elle mérite : allégorie précieuse pour de vrais frères et amis... Demain on en annonce sept ou huit, et après-demain... relâche au théâtre. »

PROPOSITIONS DES JACOBINS.

—

PROPOSITION DE LEGENDRE.

Après la condamnation de Louis XVI, Legendre eut l'atrocité de s'écrier : « Voici mon opinion. Que l'on coupe le tyran en quatre-vingt-trois morceaux, et qu'on en envoie un à chaque département pour faire trembler les aristocrates.

PROPOSITION DE CAMBON.

Je suis d'avis que Louis XVI soit pendu cette nuit.

PROPOSITION de COLLOT-D'HERBOIS.

La guillotine est trop lente, ce n'est pas ainsi que doit s'exprimer la vengeance du peuple. Si les aristocrates et les riches n'ont pas peur de la mort, il faut au moins leur en faire craindre les tourments. Cinquante, cent sont fusillés, mais ils le sont d'un seul coup. Ce supplice est trop doux ; nous pourrions en rassembler cinq cents à la fois dans une place, et là on pourrait les foudroyer avec des canons chargés à mitraille ; ils seraient déchirés, morcelés, et on les achèverait à coups de sabres, de haches ou de baïonnettes. Ce n'est point là une barbarie ; Chalier est-il mort du premier coup? Si les aristocrates avaient triomphé, croyez-vous que les Jacobins eussent péri du premier coup? Et la Convention, mise hors la loi par ces scélérats, aurait-elle péri du premier coup? Qui sont donc ces hommes qui réservent toute leur sensibilité pour des contre-révolutionnaires? Qui sont ceux qui osent pleurer sur les cadavres des aristocrates, des nobles et des prêtres? La foudre populaire doit les frapper, et, semblable à celle du ciel, ne laisser que le néant et les cendres.»

PROPOSITION DE DROUET.

«Puisque notre vertu, notre modération, nos idées philantropiques ne nous ont servi de rien, soyons brigands pour le bonheur du peuple! soyons brigands!.... que les suspects répondent sur leur tête de tout ce qui arrivera.»

Proposition de la Société des Jacobins.

« Placez la terreur à l'ordre du jour; que l'égalité promène sa faux sur les têtes; que les suspects répondent de la sûreté des braves sans-culottes; que cette classe impure de prêtres, de rois, de brigands couronnés, tombe sous la hache révolutionnaire.

Lettres et Discours des Proconsuls révolutionnaires jacobins.

Les proconsuls jacobins venaient d'écrire

sur leur bannière : «Lyon n'est plus!» Quelles délices tu aurais goûté, écrit l'un d'eux, si tu eusses vu avant-hier cette justice de deux cent neuf scélérats! Quelle majesté! quel ton imposant! tout édifiait. Combien de grands coquins ont dans ce jour mordu la poussière! Quel ciment pour la République! quel spectacle digne de la liberté! Puisse cette fête imprimer à jamais la terreur dans l'âme des scélérats! En voilà cinq cents de morts; encore deux fois autant y passeront; et puis ça ira.

« Aucun peuple n'a donné des formes plus augustes à l'expression de la justice nationale que celles consacrées dans les jugements révolutionnaires. Aussitôt que la conscience des juges est instruite, les accusés sont conduits dans une salle particulière; on les appelle ensuite, on les traduit devant le peuple sur la place publique, sous la *voûte de la nature*, et ils meurent. On cherche en vain à intéresser notre sensibilité, à affaiblir l'énergie de notre caractère; nous avons fait le sacrifice de nos affections personnelles.»

FOLIE DE JOSEPH LEBON.

Voici ce que disait le fou furieux Joseph Lebon; je doute que la folie-rage puisse aller plus loin.

«J'étais digne de la mission que vous m'avez confiée. Vous me livrez à mon énergie révolutionnaire... Eh bien! rien ne m'arrê-

tera, les têtes des aristocrates vont tomber
comme la grêle. Je ne laisserai en liberté
aucun riche, aucun homme d'esprit qui ne
se soit prononcé de bonne heure et fortement
pour la révolution.

« Je garde le silence depuis quelques jours.
Dites : tant mieux, c'est que Joseph Lebon
travaille fort. Oui, je vous assure, j'y vais
d'une jolie manière, il ne se passe pas vingt-
quatre heures que je ne dépêche du gibier de
guillotine, et tous les scélérats sont expédiés
révolutionnairement.

«..... On me demande des détails, je n'ai
pas le temps. Je suis ici depuis quatre jours
(à Arras) à faire marcher le tribunal. La guillotine roule à toute force ; j'en ai fait expédier
aujourd'hui vingt-huit, tant mâles que fe-
melles. J'ai fait arrêter un général pour m'a-
voir traité de gueux et de coquin.

«... Je suis arrivé à Cambrai hier soir, ac-
compagné de vingt braves. J'espère *faire le
bien* à Cambrai et y inspirer une terreur ci-
vique. La guillotine va entrer de suite en activité. Patience, et ça ira d'une jolie manière.

« ... Messieurs les parents et amis d'émi-
grés et les prêtres réfractaires accaparent la
guillotine, on est à la queue. Avant-hier un
ex-procureur, une riche dévote, veuve de
deux ou trois chapitres, un banquier millionnaire, une marquise, trois moines et un général ont passé la tête à la chatière et disparu
du sol de la liberté. La vertu et la probité

2

sont plus que jamais à l'ordre du jour... Mon jury est composé de soixante bougres à poils; je ne suis occupé qu'à faire des actes d'accusation; j'ai organisé à Doullens une commission ardente de sept patriotes; nous ne dormons point. »

C'est ce même Joseph Lebon qui disait à un oisif se plaignant de sa pauvreté :

« Te voilà bien embarrassé, f... bête ! ne vois-tu pas dans la rue quelque riche, quelque noble, quelque gros marchand? Viens me le dénoncer, tu auras sa maison, tu y demeureras, tu auras tout à gogo.»

STYLE DE MAIGNET (1).

(1) Maignet était alors à Orange.

« *La sainte guillotine*, écrivait Maignet, va tous les jours; marquis, comtes, procureurs *montent tous sur madame*. Dans peu de jours soixante *chiffonniers* y passeront. »

SIMPLE HISTOIRE.

Voici ce que raconte un témoin oculaire du fait que je vais rapporter, et qui se passa à Toulon.

«Fréron est dans nos murs; il fait publier que tous les bons citoyens se rendent au Champ-de-Mars sous peine de mort. J'étais un bon citoyen, mon fils l'était; par obéissance nous allons au Champ-de-Mars; trois mille citoyens s'y rendent comme nous. O trahison ! ô crime ! Fréron nous y rassemblait pour nous assassiner. Ce Sardanapale était à cheval, entouré de canons, de troupes et d'une centaine de forcenés adorateurs de leur dieu Marat. Fréron dit à ses bourreaux : «En- «trez dans la foule, séparez-en ceux que vous « voudrez, rassemblez-les le long de ce mur.» Les cannibales s'élancent et choisissent leurs victimes au gré de leurs caprices, des passions et du hasard. L'un saisit son ennemi, l'autre son rival, celui-ci son créancier, celui-là le mari de la femme qu'il a rendue adultère: tous s'attachent à ceux qu'ils croient riches. On m'arrache des bras de mon fils, on m'entraîne... Fréron donne le signal : de toutes parts le feu tonne, le meurtre est consommé, la terre s'abreuve de sang, l'air retentit de cris de désespoir; les mourants, les blessés se meuvent pêle-mêle sur les cadavres et tombent les uns sur les autres. Tout à coup, par ordre des tyrans, une voix s'écrie que tous ceux qui ne sont pas morts se lèvent. Les malheureux croient qu'on veut les secourir; ils se dressent; on les foudroie de nouveau, et bientôt le fer moissonne tout ce qu'épargna le feu... Je n'étais que blessé; j'imitai l'immobilité des cadavres; on me laissa pour mort. Le jour s'éteint, l'ombre de la nuit vient voiler cette sombre boucherie. Alors des hommes, que dis-je? des harpies, précurseurs des corbeaux et plus rapaces qu'eux, accourent dépouiller les morts, les foulent aux pieds et les sabrent pour arracher les étoffes et les bijoux. Je fus, comme les autres, laissé nu sur la place. »

PETIT DISCOURS DE CARRIER.

Carrier, en arrivant à Nantes, ne trouvait pas les membres du tribunal révolutionnaire *à la hauteur*. Il s'écrie : « Vous êtes un tas de b... de juges ; vous êtes un tas de j... f... Il vous faut des preuves, des témoins pour guillotiner un homme ! F....-le-moi à l'eau, c'est bien plus tôt fait. »

Un jour que les Nantais manquaient de vivres, le même Carrier répondit à ceux qui lui en demandaient :

« Mangez les aristocrates; les Nantais ne sont pas patriotes, au lieu de demander des subsistances, j'empêcherai de leur en fournir.»

Petite harangue de Carrier à une brigade partie de Nantes pour combattre des insurgés.

« Braves défenseurs, vous qui avez porté le nom d'armée infernale, je vous conjure, au nom de la loi, de mettre le feu partout, de n'épargner personne, ni femmes ni enfants; de tout tuer, de tout incendier. »

Le général de la brigade osa lui dire: « Nous sommes des soldats et non des assassins. » Carrier se tut; mais il garda souvenance des paroles du brave général, et quelque temps après on l'entendit s'écrier dans la société po-

pulaire d'Ancenis : « Je vois partout des gueux
en guenilles ; *vous êtes aussi bêtes ici qu'à*

Nantes. L'abondance est près de vous, et

vous manquez de tout. Ignorez-vous donc que la fortune, les richesses de ces gros négociants vous appartiennent? La rivière n'est-elle pas là? Tous les riches, tous les marchands sont des accapareurs, des contre-révolutionnaires. Frappez ; donnez-les-moi : je ferai rouler leurs têtes sous le rasoir national. »

Quel dommage pour le citoyen Proudhon que Carrier ne soit plus vivant : en voilà un qui aurait appuyé la phrase célèbre : « La propriété c'est le vol. » Seulement il eût changé ainsi l'ordre des mots : « La propriété de tous mes ennemis c'est le vol. »

Titre institutif de l'organisation et légitimation de la compagnie Marat.

« 1. La compagnie révolutionnaire est instituée pour surveiller tous les citoyens et les dénoncer.

« 2. Ses membres arrêteront ou feront arrêter tous les individus qui leur paraîtront suspects.

« 3. Ils auront le droit de faire des visites domiciliaires partout où ils le jugeront convenable, de faire ouvrir les portes et même de les forcer, s'ils le jugent à propos. »

On distinguait, dit un auteur que nous avons sous les yeux, un nommé O'Sulivan dans cette compagnie. On prête ces paroles à cet O'Sulivan :

« J'avais regardé avec attention comment un boucher s'y prenait ; je faisais semblant de causer avec les prisonniers ; je leur faisais tourner la tête comme pour regarder les passants ; je leur passais le couteau dans la gorge, et cela était fini. »

Horrible révélation faite par Bourdin, dans le procès de Carrier.

« La dernière fusillade que j'ai vue était de quatre-vingts femmes environ ; elles furent d'abord fusillées, ensuite dépouillées, et restèrent nues pendant trois jours sans être enterrées. »

Les enfants n'étaient pas plus épargnés que les femmes.

« C'étaient des Allemands, dit le même témoin, qui étaient chargés de ces exécutions ; la fusillade leur semblait trop prompte ; ils formaient un cercle et se jetaient les enfants de baïonnette en baïonnette. »

Ordre du général Haxo en Vendée.

« Il vous est ordonné d'incendier les maisons, d'en massacrer tous les habitants, d'en enlever toutes les subsistances.... »

CARRIER AU GÉNÉRAL DUFOUR.

« Continue, camarade, d'exécuter les ordres que je te donnerai. Je te rendrai justice. Brûle, brûle toujours ; mais sauve les grains.

N'en laisse pas, c'est Carrier qui te le recommande. »

CONCILIABULE DE CHARENTON.

Deux jours avant la journée du 10 août 1792, Merlin de Thionville, Bazire et Chabot, voulant à tout prix une insurrection, résolurent que l'un d'eux se sacrifierait et se ferait assassiner. Cet assassinat devait être attribué à la cour. Ils tirèrent au sort, et Chabot eut le mauvais billet et dit à ses amis : « Ce soir je me rendrai au coin de la place du Carrousel et de la rue de l'Échelle ; vous me brûlerez la cervelle et répandrez le bruit que c'est le roi qui m'a fait assassiner. Le peuple s'insurgera ; et lorsqu'il sera échauffé, vous mettrez ma tête au bout d'une pique pour lui servir d'étendard, et vous le conduirez au château pour venger ma mort sur le roi et sa famille. »

Discours de Billaud aux Septembriseurs, le 2 septembre.

« Mes amis, mes bons amis, la commune m'envoie vers vous pour vous représenter que vous déshonorez cette *belle journée*. On lui a dit que vous voliez ces coquins d'aristocrates après en avoir fait justice. Laissez, laissez tous les bijoux, tout l'argent et tous les effets qu'ils ont sur eux, pour les frais du grand acte de justice que vous exercez. On aura soin de vous payer comme on est convenu avec vous. Soyez nobles, grands et généreux comme la profession que vous remplissez. Que tout, dans ce grand jour, soit digne du peuple, dont la souveraineté vous est commise.»

Pensées de l'auteur des Sociétés secrètes et de l'Histoire des Jacobins.

« Les sociétés d'illuminés doivent subjuguer l'univers, il n'est plus question de leur résister ; elles ont déjà le glaive et le pouvoir ; la vaste conjuration qu'elles ourdissent a encore besoin d'être soutenue quelque temps par l'artifice, la séduction et la perfidie... Des écrits immoraux, des maximes incendiaires où l'on flatte les vices de la multitude, où l'on attaque sous toutes les formes les idées saines, les cultes et les rois, préparent le complément d'une révolution universelle méditée depuis longtemps, arrêtée tout à coup par une main puissante, et rendue à son activité dévorante par une suite d'événements qui échappent à la prudence humaine.

«Profonds politiques, songez que les sociétés secrètes disposent aujourd'hui des quatre parties du monde ; que leurs missionnaires ont pénétré sous la zone brûlante d'un autre hémisphère, et que le bouleversement de tous les peuples est inévitable. Songez qu'ils sont partout : dans les armées, dans les conseils, dans les congrès... Les rois sommeillent !...

et quand ils se réveilleraient!... il est trop tard. Les cabinets n'ont plus de secrets pour la secte. Elle a des millions d'adeptes répandus en Europe. *Avant cinquante ans, nous aurons un nouveau culte et de nouveaux maîtres.* »

Ceci fut écrit un peu avant 1820. L'esprit de l'Assemblée nationale nous garantira, espérons-le, d'une telle prophétie que tendent à réaliser les doctrines de Proudhon.

Pièces du procès de l'Illuminisme. — Maximes de la Secte.

Quel est le but?

— La régénération.

— Quels seront nos ennemis?

— Les riches.

— Quelles causes peuvent nous favoriser?

— L'ignorance des sans-culottes.

— Quels sont les moyens de tenir le peuple dans l'ignorance?

— La proscription des écrivains comme nos plus dangereux ennemis; répandre les bons écrits avec profusion.

— Comment détruire la guerre étrangère (obstacle à leurs projets)?

— En révolutionnant les états voisins.

— Comment détruire la guerre civile (autre obstacle)?

— Par l'anéantissement de toute opposition; faire des exemples terribles.

« Il faut une volonté une.

« Les dangers intérieurs viennent des bourgeois. Il faut rallier le peuple et que l'insurrection s'étende de proche en proche sur le même plan.

« Que les sans-culottes soient payés et restent dans les villes.

« Leur procurer des armes, les *colérer*, les séduire, exalter l'enthousiasme par tous les moyens possibles.

« Mais vingt-cinq millions d'hommes sont la ressource de l'agriculture et des échanges ! Impossible. Que faire? Ce qu'il faut faire? Des livres : il y a des époques répétées de grands incendies; empêcher que la France ne devienne un monde d'hommes ; ouvrir les cataractes pour engloutir l'excédant de la population ;

« Créer une puissance collective;

« Colorer aux yeux du peuple l'envahissement de la souveraineté; feindre de ne s'en emparer que pour lui;

« Solder les sans-culottes; proscrire la richesse, qui est un obstacle au nivellement;

« Proclamer que le riche est l'ennemi né du sans-culotte; promener sur toutes les têtes le niveau d'une égalité de pauvreté.

« Le commerce dans l'intérieur devant nécessiter à l'extérieur des relations qui seraient fatales au plan de gouvernement, anéantir le commerce. Ainsi on inventera le négociantisme pour créer un délit, un crime.

« Se faire un calus sur le cœur, afin d'être sourd à la justice et à l'humanité.

« Il faudra du sang. Qu'importe ? on trouvera des bras pour le verser.

« Tous les hommes faciles à tromper, tous les intrigants à qui un gouvernement légal est redoutable se rallieront à nous.

« Des principes et point de vertus ; de la fermeté et point d'âme. Les temps sont favorables pour prêcher une doctrine lâche et pusillanime. Mettre la morale en contradiction avec elle-même ;

« Confondre la cause des cultes avec celle du despotisme ;

« Forcer les gens de lettres à se prostituer devant la tyrannie ;

« Donner le change à l'opinion publique ; frapper les imaginations par des choses extraordinaires ;

« Jeter d'avance dans les esprits, et comme sans dessein, les idées dont on réserve l'application à un autre temps, et qui semblent se lier d'elles-mêmes à d'autres circonstances qu'on a préparées ;

« Favoriser l'insurrection du brigandage contre le principe du tien et du mien,

« Il ne faut au peuple pour vivre que quelques onces d'une substance nourricière.

« Il faut deux sortes de dupes : les uns meneurs, les autres menés.

« Imaginer et substituer au christianisme de nouvelles religions, en attendant que le peuple s'accoutume à se passer de toutes ;

« Étouffer son germe dans tout ce qui

existe d'évangélique; abolir jusqu'à la mémoire de Dieu;

« Tuer dabord la royauté en France, et ensuite dans l'univers.

« Si mon frère n'est pas dans le sens de la révolution, qu'il soit sacrifié.

« Nous voulons l'égalité pure ou la mort. Malheur à ceux que nous rencontrerons entre elle et nous (1)!

« La révolution française n'est que l'avant-courrière d'une révolution bien plus grande et plus solennelle, et qui sera la dernière (2).

« Nous voulons faire table rase pour nous en tenir à l'égalité pure. Périssent les arts s'il le faut (3)!

« La loi agraire ou le partage des terres fut le vœu instantané de quelques initiés sans principes, de quelques peuplades, mues plutôt par leurs instincts que par la raison. Nous tendons à quelque chose de plus sublime et de plus équitable : le bien commun ou la communauté des biens! Plus de propriété individuelle des terres : la terre n'est à personne; nous réclamons, nous voulons la jouissance commerciale des biens de la terre: les fruits sont à tout le monde.

« Disparaissez enfin, révoltantes distinctions de riches et de pauvres, de grands et

(1) Extrait de l'adresse au peuple trouvée dans les papiers de Babœuf.
(2) *Ibid.*
(3) *Ibid.*

de petits , de maîtres et de valets , de gouvernants et de gouvernés ! Qu'il ne soit plus d'autre différence parmi les hommes que celle de l'âge et du sexe.

« Que les hommes sachent les droits de l'homme, et ils en ont assez. »

RÉFLEXIONS.

La communauté de biens , voilà donc ce qu'ils voulaient établir ; mais cette communauté est-elle possible ? car, avant de mettre une idée en évidence , il faudrait au moins se demander si elle est réalisable. A quelle époque de l'histoire et dans quel lieu du monde vit-on prospérer cette idée ? Outre qu'il faudrait verser des flots de sang et fouler aux pieds toute justice pour arriver à dépouiller tous les propriétaires, après avoir fait table rase, les partisans de ce système ne pourraient pas même mettre leur projet à exécution. Dans un régime de communauté, personne ne voudrait travailler, parce qu'il ne travaillerait pas pour lui individuellement ; il se fierait d'ailleurs sur son voisin, et dirait : Que je travaille ou non, peu importe, pourvu que la tâche soit faite , je n'en aurai pas moins ma part des produits. Et chacun raisonnant ainsi , rien ne se ferait , et les querelles ne tarderaient pas à survenir ; car le bon ouvrier dirait avec raison au paresseux : Je ne me remettrai à l'ouvrage que lorsqu'on paiera chacun selon ses mérites. Je ne veux pas me tuer au travail pour n'avoir pas plus que celui qui reste oisif. Et le régime de fraternité deviendrait bientôt régime de guerre civile, et les nouveaux *frères* s'égorgeraient bientôt entre eux comme ils auraient égorgé les propriétaires pour établir la communauté. Que les montagnards communistes de nos jours méditent sur ce sujet. On arrange comme on veut les ressorts d'une théorie; mais quand il s'agit de mettre ce mécanisme en pratique, la difficulté commence. Heureusement la France ouvre les yeux sur ces folles doctrines; espérons qu'un jour elle verra tout à fait clair dans ce grimoire. Il est temps que le peuple connaisse les charlatans et les fous qui cherchent à l'abuser.

L'homme est fait pour vivre en société et non en *communauté* : c'est une loi de sa nature.....

PETITE STATISTIQUE.

« Dans notre première révolution, la guil-
« lotine enleva à Paris 18,613 Français;
« 32,199 personnes périrent à Lyon par di-
« vers supplices. A Marseille, 729; à Toulon,
« 14,325; à Nantes, enfants fusillés, 500;
« enfants noyés, 1,500; femmes fusillées,
« 264; femmes noyées, 1,590; prêtres fu-
« sillés, 300; prêtres noyés, 400; nobles
« noyés, 1,400; artisans noyés, 5,300; en

« Vendée, nombre des suppliciés, 900,087. »

C'était bien commencer le système de table rase ; encore quelques mois de terreur, et la France n'eût plus été peuplée que de bourreaux ; et s'il avait pris fantaisie à ces derniers de se mettre en communauté, la guillotine eût sans doute été le trône de leur premier magistrat.

LOI DES SUSPECTS.

Doivent être considérés comme suspects :

1° Ceux qui dans les assemblées du peuple arrêtent son énergie par des discours astucieux, des cris turbulents, des menaces ;

2° Ceux qui, plus prudents, parlent mystérieusement des malheurs de la république, s'appitoient sur le sort du peuple, et sont toujours prêts à répandre de mauvaises nouvelles, avec une douleur affectée ;

3° Ceux qui ont changé de conduite et de langage selon les événements ; qui, muets sur les crimes des royalistes et des fédéralistes, réclament avec emphase contre les fautes *légères* des *patriotes*, et affectent, pour paraître républicains, une austérité, une sévérité étudiée, et qui cèdent aussitôt qu'il s'agit d'un modéré ou d'un aristocrate ;

4° Ceux qui plaignent les fermiers, les marchands avides contre lesquels la loi est obligée de prendre des mesures ;

5° Ceux qui ayant toujours les mots de liberté, république et patrie sur les lèvres, fréquentent les ci-devant nobles, les prêtres, les contre-révolutionnaires, les aristocrates, les feuillants, les modérés, et s'intéressent à leur sort;

6° Ceux qui n'ont pris aucune part active à tout ce qui intéresse la révolution, et qui, pour s'en disculper, font valoir le paiement de leurs contributions, leurs dons patriotiques, leur service dans la garde nationale pour remplacement ou autrement;

7° Ceux qui ont reçu avec indifférence la constitution républicaine et ont fait part de fausses craintes sur son établissement et sa durée;

8° Ceux qui n'ayant rien fait contre la liberté n'ont aussi rien fait pour elle;

9 Ceux qui ne fréquentent pas leurs sections et donnent pour causes qu'ils ne savent pas parler ou que leurs affaires les en empêchent;

10° Ceux qui parlent avec mépris des autorités constituées, des signes de la loi, des sociétés populaires, des *défenseurs* de la liberté;

11° Ceux qui ont signé des pétitions contre-révolutionnaires ou fréquenté des sociétés ou clubs anti-civiques;

12° Ceux qui sont reconnus pour avoir été de mauvaise foi et ceux qui ont marché au pas de charge au Champ-de-Mars.

Tel est le petit chef-d'œuvre des montagnards de 93, et c'est pour avoir censuré cette loi qui mettait chacun à la discrétion des jacobins gouvernants, que Camille Desmoulins monta à l'échafaud. Avec de pareils arrêts, contraires à toute raison, il est évident que tout le monde pouvait être conduit en prison. Voilà comment on comprenait la liberté au temps de la terreur.

Les Montagnards individualistes et communistes en 1848.

Comme en 1793, la France a ses ennemis de la propriété en 1848; et l'audace de ces derniers n'est pas moins grande que celle de leurs prédécesseurs. Ecoutez Proudhon à la tribune.

Le citoyen Proudhon. — « La propriété « a été abolie le 25 février par le décret du « gouvernement provisoire, qui garantissait « le droit au travail, et promettait son orga- « nisation; elle a été abolie ensuite par le « consentement du pays, qui a adhéré à la « république, et proclamé le caractère éco- « nomique de la révolution; cette abolition « a été confirmée par le projet de constitution « qui, dans sa déclaration des droits, en « même temps qu'il posait le droit au travail, « mettait en question la propriété. (*Vive in-* « *terruption.*) La propriété mise en question, « remarquez cela. (*Bruit.*) Ce n'est pas moi « qui ai fait cela, c'est vous. (*silence! silence!*) « Il y a quelques jours, dans les bureaux,

« nous discutions la propriété ; dans quelques
« jours, nous la discuterons à cette tribune.
« Nous pouvons, si cela nous plaît, en main-
« tenir l'abrogation, car tout ce qui est en
« question est abrogé. (*Mouvement.*) Je vous
« ai prouvé que cela est d'ailleurs aussi aisé à
« faire qu'à dire.

« Je dis donc que ce qui est en question
« ne peut être invoqué comme principe et
« comme droit ; que la propriété n'ayant pas
« en ce moment d'existence légale, on ne
« peut argumenter de sa violation ; que ce
« n'est plus qu'une hypothèse qu'il est aussi
« permis de nier que d'affirmer ; qu'au sur-
« plus, son essence a été profondément mo-
« difiée par la reconnaissance du droit au
« travail, qui, dans le projet de constitution,
« sert de principe à la propriété et la rend
« légitime ; qu'ainsi nous pouvons, vis-à-vis
« de la propriété, faire telle proposition et
« prendre telle décision qu'il nous plaira,
« sans violer en rien ni le droit naturel, ni le
« droit écrit.

« Le fait est accompli, et, malgré nos ré-
« sistances, le principe révolutionnaire nous
« entraîne et nous domine.

« On me dit que le droit au travail n'est
« pas voté ; eh bien ! il le sera, parce que vous
« ne pouvez pas faire autrement.

Un membre. — « Il ne peut plus l'être après
« votre discours. »

Le citoyen Proudhon. — « Que me parlez-
« vous donc de propriété et de contrats ?

« Des contrats dont le principe repose sur
« la propriété ! ils sont résiliés *ipso facto*
« et de plein droit. Si ces contrats continuent
« à produire en faveur des anciens bénéfi-
« ciaires leurs conséquences, c'est unique-
« ment l'effet du bon plaisir des fermiers et
« des débiteurs ; c'est l'effet aussi de l'inin-
« telligence où nous sommes encore de cette
« révolution arrivée comme un coup de fou-
« dre, et qui n'a été précédée d'aucun mani-
« feste. »

Le citoyen de Larochejaquelein. — « On a
« donc le droit de voler, alors ? »

Le citoyen Goudchaux. — « Vous allez
« contre votre proposition vous-même. »

Plusieurs voix. — « Nous sommes donc
« tous des voleurs ? »

Le citoyen ministre des finances. — « L'As-
« semblée veut se manifester à l'instant même,
« elle est fatiguée. Ces doctrines ne peuvent
« pas être tolérées plus longtemps. »

De toutes parts. — « Parlez, parlez, parlez,
« continuez. »

Le citoyen président. — « Je prie l'orateur
« de continuer. J'invite l'Assemblée au si-
« lence : le silence est quelquefois la meil-
« leure des protestations. »

Un membre. — « C'est de la démence. »

Le citoyen président. — « Alors, on ne
« proteste même pas. »

Le citoyen Proudhon. — « Je disais que
« les contrats fondés sur la propriété me pa-
« raissaient, de même que la propriété, ré-
« siliés par le fait de la révolution, des actes
« qui l'ont suivie et de toutes ses consé-
« quences.

« Ce n'est pas ma faute s'il en est ainsi,
« c'est la faute des événements et des gou-
« vernants. J'ajoute que si aujourd'hui ces
« mêmes contrats continuent à produire en
« faveur des anciens bénéficiaires leurs con-
« séquences, c'est uniquement l'effet du bon
« plaisir des fermiers, des débiteurs. (*Mar-*
« *ques d'indignation.*) Je ne proclame pas
« d'une manière absolue qu'il est permis de
« violer les contrats. (*Violente interruption.*)
« Je vous dis qu'il s'est accompli des faits
« depuis cinq mois qui, dans la manière dont
« je vois les choses, équivalent à une radia-
« tion de la propriété, à une annulation des
« contrats. » (*Nouvelle interruption.*)
Après de vives interruptions, Proudhon dit
qu'il s'agit, pour le peuple, du rachat de la
dîme, de la liquidation de la propriété.

« ... C'est une loi de l'esprit humain, une
« loi fatale, que toute idée bonne ou mau-
« vaise, une fois formulée, se réalise... Tous
« les économistes, en défendant la propriété,
« conviennent pourtant qu'il y a à faire quel-
« que chose. Ce quelque chose, l'œuvre de
« notre siècle, suivant eux, ils l'appellent
« accord du travail et du capital, participa-

« tion de l'ouvrier aux bénéfices, associa-
« tion.

« Analysez ces définitions vagues et ti-
« mides, et vous y trouverez la même chose
« que dans le socialisme : la garantie du tra-
« vail, l'abolition de la propriété. »

Le citoyen Girardon. — « Mandrin n'en a
« pas dit davantage. »

RÉFLEXIONS.

Les communistes, vous le voyez, sont en
progrès depuis Babœuf. Ce dernier ne faisait
qu'espérer l'abolition de la propriété; Proudhon va plus loin, il la déclare abolie par le
fait de la révolution; et, ce qui est incroyable
d'audace, il ajoute : et par le consentement
du pays. Voilà un imposteur bien impudent.
Quoi! le pays veut l'abolition de la propriété!
Le citoyen Proudhon ose soutenir, sans se
troubler, un pareil mensonge ! Que quelques
hommes égarés se soient mis avec M. Greppo
à la suite du citoyen Proudhon, c'est ce que
je ne nierai pas : il y a partout des fous; mais
que la majorité de la France accepte de semblables doctrines, voilà ce qu'un homme sensé
ne croira jamais. L'accueil fait au discours
dont nous venons de citer quelques frag-
ments prouve assez quelle est l'erreur des
communistes quand ils se croient appuyés par
des millions de compatriotes. L'idée commu-

niste n'est pas française, elle ne prendra jamais racine sur notre sol.

PRINCIPES DU CITOYEN CABET.

Demande (1). « D'après l'équité naturelle, chacun a-t-il le droit d'occuper du « superflu?

Réponse. « Non, c'est une injustice, une « usurpation, un vol à l'égard de ceux qui « n'ont pas le nécessaire.

Demande. « Mais si le premier occupant, « possesseur du superflu, l'a personnellement « travaillé?

Réponse. « N'importe. Le superflu était la « part des autres, qui commenceraient à la « travailler s'il l'avait laissée vacante. Son « travail ne peut lui acquérir la part d'au- « trui; il ne l'a travaillée qu'à condition de la « rendre : il a profité de son travail pendant « la possession. »

Comme c'est agréable! Ainsi, j'embellis ma propriété, je dépense à cet embellissement une partie de mon revenu, et, d'après le citoyen Cabet, il ne sera pas juste que je jouisse du superflu que peut me donner ce bien, pour l'amélioration duquel je me suis gêné beaucoup momentanément, dans le but d'augmenter un jour mon bien-être et celui de mes enfants! Citoyen Cabet, vous n'avez donc pas de fils!

(1) Voyage en Icarie.

Mais voici les grandes idées, la base du système de ce grand citoyen. Ecoutez :

Demande. « Quels sont les principaux « vices de l'organisation prétendue sociale?

Réponse. « Trois : l'inégalité de fortune et « de pouvoir, la propriété individuelle et la « monnaie. Le remède, c'est de les suppri- « mer. »

Heureuse Icarie, quand tu seras définiti- vement fondée au Texas, où le citoyen Cabet envoie ses colons, il fera beau te voir pros- pérer avec ces trois principes! O folie hu- maine! les communistes veulent l'égalité de fortune et de pouvoir. Mais il faudrait pour cela que tous les hommes fussent également sots ou qu'ils soient tous égaux en talents, et encore faudrait-il que ces talents ou cette sot- tise fussent de même nature.

MONTAGNARDS INDIVIDUALISTES.

Un bon nombre de montagnards de 1848, sans accepter tous les préceptes de l'indivi- dualisme, sont loin cependant de vouloir la communauté. Républicains de la veille; ils parlent sans cesse de fraternité, mais en réa- lité ils ne sont fraternels que pour eux-mêmes et quelques-uns de leurs amis dont l'appui ou le silence leur sont nécessaires. Avoir les meilleures places du gouvernement est leur but, déplacer ou supprimer tout ce qui leur fait obstacle est leur moyen ; si ce n'est pas là de l'individualisme, dites-moi ce qu'on entend par ce mot.

Le montagnard individualiste est le plus souvent impérieux, opiniâtre, plein d'aplomb et de ruse. Parfois il est accablé de dettes, comme Catilina. Son éloquence est ordinairement entraînante, et cela se conçoit. Il dit au pauvre : Écoute-moi, arme-toi pour défendre nos principes, et tu ne vivras plus dans la misère, et tu feras payer la dîme au riche, et pour toi seront les charges lucratives occupées par tes oppresseurs. Avec de si séduisantes promesses, on ne peut manquer d'être persuasif; mais pour peu que le montagnard individualiste soit de la république rouge, il ne se contente pas des paroles, il veut des faits; et s'il est républicain rouge ultra, il va jusqu'à demander du sang, sans que les prisons de Vincennes aient le pouvoir de l'effrayer. Risquons tout, voilà sa devise. Niveler, voilà son drapeau.

L'ultra-républicain rouge n'est content d'aucun gouvernement. Conspirateur né, il faut qu'il intrigue, qu'il forme des sociétés secrètes ou des clubs de la terreur; comme Caïn, il conspirerait contre son frère s'il était seul au monde avec lui.

MAXIMES ROUGES.

— Si nous brûlions Paris?

— Bah! nous ne brûlerions pas les Parisiens.

— Mettons les réactionnaires à la lanterne.

— Nous n'y verrons pas plus clair.

— Rétablissons la guillotine.

— C'est une idée !!.....

MONTAGNARDS DE TOUTE NATURE.

Il existe des montagnards qu'on ne peut placer dans aucune des deux catégories dont nous venons de parler. Quelques-uns de ces derniers désirent sincèrement régénérer le monde, comme M. de Lamartine, par exemple; il ne leur manque pour cela que de connaître mieux les hommes et que d'avoir réellement trouvé le moyen d'accomplir leur régénération.

Il ne suffit pas de vouloir féconder, il faut encore avoir la semence convenable au sol où l'on sème. Si vous partez d'une idée fausse, vous n'arriverez à rien, même avec le génie de l'auteur *des Girondins*, et si vous vous opiniâtrez à suivre cette idée fausse, le nombre de vos erreurs et de vos fautes deviendra si grand, que vous ne vous arrêterez qu'à l'abîme.

Que résulte-t-il de tout cela? C'est que si la république rouge eût triomphé, la guerre civile était inévitable, non seulement entre les ultra-républicains et les républicains modérés, mais encore entre les montagnards rouges eux-mêmes. Ainsi, de tous côtés le sang français coulant à flots, de tous côtés des maux irréparables,

— Conservons-nous la nue-propriété?
— Qu'est-ce que c'est que la nue-propriété?
— C'est le droit que le fiancé a sur sa fiancée (*le jus ad rem*).
— Alors, conservons la propriété nue.

STATISTIQUE.

Sur 1,000 citoyens ayant au moins 10,000 fr. de rentes, il y en aura 985 pour l'ordre.

Sur 1,000 bourgeois et commerçants dans l'aisance, il y en aura 945 pour l'ordre.

Sur 1,000 ouvriers bons, actifs et laborieux, il y en aura 820 pour l'ordre.

Sur 1,000 ouvriers de peu de capacité, vivant dans la gêne, il y en aura 800 pour le désordre.

Paris compte, en outre, 25 mille individus qui n'ont pas d'état fixe et qui tous sont pour le désordre.

Sur 1,000 ouvriers, 85 sont intelligents, 72 deviendront maîtres; 400 incapables de perfectionner feront de bon ouvrage, 515 ne feront rien de bon et vivront dans la gêne.

———

Génie politique en France, néant; s'il en existe, il n'a pu se manifester.

Sur 1,000 citoyens français de 20 à 100 ans, 2 ont de l'intelligence en matière politique. Ce qui fait pour toute la France 18,000 citoyens comprenant parfaitement les questions politiques; mais les rares qualités de ces 18,000 citoyens sont étouffées par les talents d'une foule d'orateurs, de savants, etc., qui éblouissent les masses par des qualités superficielles. Aussi la Chambre des Représentants, sur 900 membres, peut compter 50 belles intelligences. Les 850 autres sont des médiocrités en politique, quoique hommes de talent dans leurs spécialités.

RÈGLE GÉNÉRALE. — Les protestants e' toutes les sectes dissidentes ont toujours été ' en France, pour le désordre, elles n'on triomphé qu'avec le secours de la partie tarée du catholicisme; mais les bons catholiques ont toujours été pour l'ordre. Ce n'est que parmi eux que sont les vrais patriotes, les vrais libéraux. Ceux de leurs adversaires à qui on a décerné ce nom n'ont jamais été que des Tartufes.

Pour preuve, voici la conclusion de la dépêche adressée le 1er juillet à la commission d'enquête, sur les événements de Juin, par le préfet du Gard, M. Sauver : « Ce que j'ai vu, et bien vu, c'est que la population protestante de Nîmes mettait tout son espoir dans le triomphe de l'insurrection de Paris, tandis que la population catholique se groupait autour de moi, s'offrait de mourir à mes côtés pour l'Assemblée nationale et la cause de de l'ordre. »

Je ne dis pas que tous les révolutionnaires, les bonapartistes et les communistes, soient des voleurs, je sais que parmi eux il y a beaucoup d'honnêtes gens; mais en général j'affirme que tous les voleurs ont été et sont révolutionnaires, bonapartistes ou communistes, et pourquoi cela? me diront les honnêtes gens de ces partis. 1° C'est que les révolutions produisent le désordre, l'anarchie si favorable aux intrigants et aux voleurs. 2° C'est que le bonapartisme est la monarchie de l'escamotage et de la ruse, et que les voleurs, gens intelligents dans leur exploitation, savent cela, honnêtes jobards du parti.

Je voudrais, pour preuve de ce que j'avance, qu'on en fît l'expérience dans les bagnes, et je suis certain que sur 1,000 forçats, 990 voteraient pour Bonaparte.

PHASES PRINCIPALES DE LA RÉVOLUTION,

Depuis 1789 jusqu'en 1848.

1789. — Louis XVI convoque la nation, qui rédige les cahiers des députés aux états-généraux. Ces cahiers forment 66 volumes in-folio, dont l'impression serait bien à désirer pour l'honneur de notre pays. Là se trouvent consignés, avec une connaissance profonde des choses, tous les besoins de la France, de sorte que si l'on avait suivi exactement le instructions des cahiers, on aurait obtenu d^s suite ce que nous avons acquis par la révolu_e tion, moins les crimes révolutionnaires et le désordres sociaux qui en ont été et en sont les conséquences inévitables.

4 août. — Le clergé, la noblesse et le tiers-état abolissent les priviléges, etc.

1791, 1ᵉʳ *octobre.* — L'Assemblée nationale remplace l'Assemblée constituante.

1795, 26 *octobre.* — La Convention est dissoute.

27 *octobre.* — Installation du Corps législatif.

1ᵉʳ *novembre.* — Etablissement du Directoire.

1799, 18 *brumaire.* — Bonaparte, de concert avec Sieyès et autres conjurés, appuyé par plusieurs généraux, dissout le conseil des Cinq-Cents, présidé par son frère Lucien. — La Constitution de l'an III est abolie. Bonaparte, Sieyes et Roger-Ducos sont nommés consuls provisoires.

1802, 26 *avril.* — Napoléon, est nommé consul pour **10** ans.

19 *mai.* — Institution de la Légion-d'Honneur.

2 *août.* — Napoléon est nommé consul à vie.

1804. — Napoléon fait assassiner le duc d'Enghien.

18 *mai.* — Napoléon est proclamé empereur des Français.

De **1804** à **1814** l'Europe est constamment en guerre, moitié d'un côté, moitié de l'autre. Napoléon a de son côté les armées hollandaises, belges, italiennes, polonaises, une partie de celles de la Confédération germanique, etc., celles d'Espagne jusqu'en 1808, celles de Suède jusqu'en 1812.

En 1805, ses alliés sont augmentés de la Bavière, du Wurtemberg, de la Saxe.

En 1809, Napoléon a quatorze princes souverains ou rois pour alliés; à la tête de ces immenses armées, il envahit l'Autriche, qui succombe une seconde fois.

En 1812, les alliés de Napoléon s'augmentent de la Prusse et de l'Autriche, et à la tête d'une armée de 600 mille hommes d'élite, ayant en outre une réserve de un million de soldats, il envahit la Russie; la retraite des Russes est admirable de tactique: ils ne perdent que peu de monde; la marche en avant de Napoléon est déplorable, et c'est après avoir perdu plus de 200 mille hommes qu'il parvint à Moscou. La misère est au comble, le trésor est vide. Napoléon supprime la masse de linge et chaussure du soldat. Les fournisseurs de l'armée n'étant pas payés, ne peuvent plus faire de fournitures. Les armées ne vivent que de pillages et de réquisitions forcées. La misère et les fatigues déciment plus de braves que le fer de l'ennemi. Des masses de peuples ne vivent que de charité; ils parcourent les villes et les campagnes par bandes de 100 et plus; Napoléon ordonne de les arrêter et de les fusiller sans pitié. A Caen, Lhonneur, cordonnier, père de sept enfants ; Bonapéti , enfant de 16 ans , une femme de 24 ans ayant un enfant de 4 mois, et une foule d'autres malheureux sont fusillés ou emprisonnés.

1814. — Les armées étrangères ayant refoulé Napoléon à Fontainebleau, elles entrent à Paris le 31 mars. L'invasion étrangère rend la France maîtresse d'elle-même ; cette invasion, qui l'eût perdue sous Louis XIV et Charles X, la sauve sous Napoléon, car il était son seul ennemi , son seul oppresseur , et le dilapidateur de sa fortune. Tous les historiens qui ont écrit en sa faveur ne comprenaient rien aux questions politiques , ou sont des écrivains tarés , sans exception d'un seul.

1er *avril*. — Le Sénat réuni décrète la déchéance de Napoléon, et appelle Louis XVIII sur le trône.

L'île d'Elbe est donnée à Napoléon , avec 6 millions de rente que lui fait la France ; il emmène avec lui 800 hommes de sa garde.

1815. — Napoléon quitte secrètement l'île d'Elbe, et rentre en France, après avoir rallié son armée , que Louis XVIII avait conservée intacte, rentre à Paris le 20 mars. Louis XVIII se retire à Gand.

18 *juin*. — Napoléon perd la bataille de Waterloo ; il arrive à Paris le 22. Le Sénat l'accuse d'être l'auteur de tous les maux qui pèsent sur la France, et lui reproche les deux invasions étrangères, le chasse une deuxième fois de France ; il est conduit à l'île Sainte-Hélène, où il meurt le 5 mai 1821.

Louis XVIII abolit le pouvoir absolu rétabli par Napoléon, et rend aux Français leurs droits et leurs franchises. Dès lors une foule de conspirateurs, partisans du pouvoir absolu de Napoléon, s'organisèrent contre le gouvernement établi. Pour arriver plus rapidement à leur but, ces conspirateurs publient des journaux qui se disent plus libéraux que le roi restaurateur de nos libertés. Ces luttes politiques ont été déplorables pour la France; elles ont eu pour résultat d'arrêter le développement progressif et paisible de nos libertés en effrayant le gouvernement sur l'usage abusif qu'on faisait de son libéralisme, non dans l'intérêt de la France, mais dans l'unique but de le renverser.

1830. — L'abus de la presse est à son comble. Charles X voit le gouffre révolutionnaire prêt à nous dévorer. Pour le fermer et sauver la France des calamités qui la menacent, il publie, le 25 juillet, des ordonnances dont le but est de détruire la licence de la presse. Les conspirateurs, qui étaient préparés, font éclater une révolution, décrètent la déchéance du roi légitime, et proclament, le 9 août, Louis-Philippe roi des Français. Cette royauté d'escamotage, faite par des hommes avides, a pour résultat l'abaissement progressif de la France devant l'étranger. La France est traînée à la remorque de l'Angleterre ;

notre prépondérance disparaît partout ; pour combler la mesure, la France s'endette de 500 mille francs par jour, tout en doublant nos impôts. La corruption se produit sous toutes les formes ; cet état de choses ne peut durer, et menace à tout moment de crouler. Le 23 février, la lutte commence dans les rues de Paris ; le 25, après de légères escarmouches, la royauté bâtarde est en fuite, la république est proclamée.

RENAUD.

AVIS AUX LECTEURS.

J'avais 25 ans lorsque j'ai reconnu que la majorité des hommes était bête et méchante (y compris les savants), et, raisonnant philosophiquement, je me suis posé cette question : Que faut-il faire pour vivre en bonne harmonie avec tout cela ? Je me suis répondu : Faire en sorte d'avoir toujours raison. Dès lors j'ai pris pour base de ma conduite, la raison et l'équité. Je vous assure que je m'en trouve bien.

Exemple. Si je disserte politique avec une brute qui avale avec bonheur et délices tout mensonge qui le flatte, qui repousse avec emportement toute vérité qui le contrarie, qui me dit à l'occasion de cette vérité une grossièreté, je lui observe poliment qu'en pa-

reille discussion on ne doit jamais se fâcher,
que ce n'est pas de bonne compagnie, que
c'est anti-fraternel, anti-français ; je lui observe que la discussion doit avoir pour objet
de s'éclairer mutuellement, que je préfère discuter avec une personne d'opinion opposée,
que c'est le moyen d'étendre ses connaissances
politiques, etc. Ainsi, lui dis-je, parlons politique, mais ne nous emportons pas. Ce système m'a toujours réussi, et m'a valu d'être
bien avec tout le monde, et des triomphes les
plus flatteurs. J'ai banni de ma bouche tout
mot insolent, tout mot grossier.

Presque tout le monde répond à une insolence par une insolence, et surtout les savants.
Cette manière d'agir est absurde ; elle main-
tient les masses dans l'abrutissement. Si l'on
vous dit une injure pour une faute que vous
avez commise, commencez par reconnaître votre faute, puis prouvez à votre adversaire qu'il
eût dû vous faire son observation poliment ;
de même, si l'on a mal agi à votre égard,
confondez votre adversaire poliment, courtoi-
sement, tout le monde vous donnera raison ;
tandis que si vous êtes insolent, vous courez
risque que tout le monde vous donne tort.

Un ami converti à ma doctrine reçoit au tra-
vers du corps un coup de fouet d'un charre-
tier furieux, qu'il juge capable des plus grands
excès ; il lui dit : « Vous ne l'avez pas fait ex-
près, vous m'avez l'air trop honnête homme
pour cela, n'est-il pas vrai ? etc. » Le charre-

tier, désarmé et honteux, ne sut que balbutier quelques excuses, et s'enfuit au plus vite. Cette manière d'agir avec l'homme brute a pour avantage d'adoucir ses mœurs et de le rendre moins méchant, ce qui épargne bien des malheurs.

Agissons comme cela, et la fraternité ne sera pas un mensonge.

Je ne refuse jamais de rendre un service à ma portée, aussi ai-je fait bien des ingrats ; j'en ai dressé la liste ; elle contient deux cents noms qui me doivent 10,000 fr., non compris ce que j'ai donné. Ajoutez que le gouvernement de Louis-Philippe m'a fait perdre en 1841, 4,000 fr. Je profite de cette occasion pour rappeler à la République qu'elle n'a pas été juste envers moi : elle m'avait promis, comme victime du gouvernement déchu, une récompense nationale qu'elle semble avoir oubliée ; mais je lui déclare que je ne lui en veux pas plus pour cela que je n'en veux au gouvernement déchu qui m'a ruiné ; je puis lui en donner pour preuve le zèle ardent que j'ai mis et que je mets à la servir, car je veux avoir le droit de lui prouver son ingratitude.

J'ai publié un nouveau système de recrutement qui, mis en pratique, enrichirait la République de 600 millions tous les ans. Dans l'intérêt des travailleurs, on veut organiser le travail, et les travaux de vos savants utopistes n'ont eu pour résultat que de le désorganiser; mon système de recrutement vaut mieux pour les travailleurs que tout ce qui a été fait, il ne ruine personne, et peut enrichir 50 mille travailleurs tous les ans, etc. Je fais donc appel aux hommes intelligents qui sont à la tête de la République, et je défie que l'on me prouve que mon système n'aurait pas tous les avantages indiqués dans mon travail.

J'ai dit plus haut que je n'en voulais pas au gouvernement déchu qui m'a ruiné, ni à la République pour ses torts envers moi, car j'ai pour principe de n'en vouloir à personne, pas même aux méchants, que je plains au contraire d'avoir ce vilain défaut.

En 1847, je me trouvais en société de quatre Républicains. Ces messieurs disaient : « Que nous venions à triompher, ceux-ci, ceux-là, sont bien sûrs que nous les pendrons et guillotinerons, etc. » Je leur fis cette question : « Etes-vous libéraux ? » Ils jurèrent qu'ils étaient libéraux. « Je vous jure que vous n'êtes nullement libéraux, répondis-je, mais bien des absolutistes renforcés ; car un vrai libéral n'a pas d'ennemis, il ne voit dans ses adversaires politiques que des hommes égarés, et ce n'est pas en les décimant par la guillotine que vous les ramènerez à des idées plus justes, mais bien par le raisonnement et la persuasion, etc. » J'ai eu la satisfaction de voir mes idées triompher malgré ces messieurs et leurs amis.

DESLOGES.

A M. DESLOGES, auteur de plusieurs ouvrages
d'économie politique et sociale.

« Monsieur,

« J'ai vu avec bonheur, dans vos ouvrages,
que le sentiment de la fraternité vous anime
au plus haut degré. Depuis plus de dix ans
vous avez fait les efforts les plus courageux
pour soustraire notre patrie du poids sous le-
quel elle succombe ; jusqu'ici vous n'avez pu
recontrer un homme du pouvoir à la hauteur
des vos idées, et assez intelligent pour vous
comprendre, mais tant de bon sens et de
courage sauveront le monde des calamités qui
l'accablent, car vous finirez par être compris
par un homme du pouvoir.

« Votre système de recrutement de l'armée,
par exemple, est admirable, et résout en
partie la question du travail. Le recrutement
actuel, si vicieux et si ruineux pour tant de
familles, d'après votre projet, disparaît pour
faire place à votre système, qui a l'immense
avantage de ne léser les intérêts de personne,
et d'être au contraire une source de bien-
être pour tout le monde ; aussi j'engage
messieurs les journalistes, nos gouvernants,
et toutes les personnes qui s'intéressent au
bonheur de leurs semblables, à s'entendre
avec vous pour arriver à la mise en pratique
de votre excellent système. J'ai parlé de votre
travail à des personnes capables, toutes l'ap-

prouvent, mais je tenais surtout à connaître l'opinion de M. de Lamothe, contrôleur de 1re classe des contributions, j'ai la satisfaction de vous dire qu'il est dans l'admiration ; il m'a dit qu'avec votre système la France serait sauvée de la ruine inévitable qui la menace; enfin votre système de recrutement enrichirait l'Etat et le peuple., au lieu de ruiner l'Etat et le peuple, comme le fait celui en vigueur.

« Veuillez agréer l'assurance de ma parfaite considération,

« DE LACAULT. »

EXTRAIT

DU CATALOGUE

DE LA LIBRAIRIE

DE DESLOGES, Éditeur,

Rue Saint-André-des-Arts, 39.

———

LE MÉDECIN DES TRAVAILLEURS, enseignant les moyens de se préserver et de se guérir des maux qu'engendre l'exercice de chaque profession ; suivi d'une hygiène et médecine des familles, et les moyens d'administrer l'éther, par A. Saint-Arroman, ancien chirurgien interne des hôpitaux civils, membre de la Société médicale d'émulation de Toulouse. 1 fr.
Par la poste. . . . . 1 fr. 25 c.

ÉTUDES HYGIÉNIQUES SUR LA SANTÉ, LA BEAUTÉ ET LE BONHEUR DES FEMMES, par V. Raymond, docteur en médecine de la Faculté de Paris. 1 vol. grand in-48. . . 2 fr. 50 c.
Influence de l'éducation, de la position sociale, des tempéraments, des saisons, des climats, de la nourriture et de la toilette. Équilibre des droits et des devoirs ; satisfaction harmonique de l'âme, de l'intelligence et du corps. Moyens propres à prévenir et à guérir toutes les maladies nerveuses, les palpitations, les gastrites, l'embonpoint, la maigreur et tout ce qui peut nuire à la beauté de la peau et à celles des formes.

HISTOIRE DES EMBAUMEMENTS et de la préparation des pièces d'anatomie normale, d'anatomie pathologique et d'histoire naturelle, suivie des procédés nouveaux, par M. Gannal ; 2e édition, revue et augmentée. 1 vol. in-8°. . . . . 5 fr.

INFLUENCE DU TABAC SUR L'HOMME, précédée de l'histoire du tabac ; son commerce ; des considérations relatives à sa culture, sa fabrication, sa vente et son régime de perception, suivi de ses actions vénéneuses et médicales, par Grenet, docteur de la Faculté de Paris. 1 vol. in-8°. . . . . 3 fr.

MANUEL DES BAIGNEURS, précédé de l'histoire des bains chez les peuples anciens et modernes ; emploi raisonné des bains chauds, froids, de vapeur, simples ou composés et des eaux minérales ; suivi d'un Traité de natation et d'une Revue des établissements de bains et des eaux minérales de France et de l'étranger, leurs propriétés curatives et les saisons spéciales à chaque source : par Raymond, docteur en médecine. 1 vol. in-12. . . . . 1 fr. 50 c.
Par la poste. . . . . 2 fr.

MÉDECINE EN MER (la), ou Guide pratique des capitaines au long cours, à l'usage des chirurgiens des navires de commerce et des gens du monde. Par E. Dufouquet, docteur en médecine, ex-chirurgien aux armées, membre de plusieurs sociétés savantes. 1 vol. in-8º. . . . . 6 fr.

CÉLÉBRITÉS MÉDICALES ET CHIRURGICALES CONTEMPORAINES, grand in-18, avec portraits, 35 c. En vente : MM. Larrey, Orfila, Velpeau, Magendie, Bréchet, Chomel et Ricord.

MANUEL COMPLET DU COMMERÇANT. — La tenue des livres en partie simple et en partie double, apprise sans maître en un seul exercice ; comprenant : des modèles de lettres de commerce, billets à ordre, lettres de change, traites ; bordereaux, compte-courant et de tous les actes commerciaux, depuis la quittance jusqu'aux actes de société ; système métrique et ses rapports avec les anciens poids et mesures. Tableaux comparatifs des monnaies et d'intérêts de 1 à 100,000 fr. Comptes-faits, etc., etc., suivis du précis de législation commerciale usuelle. Par J. Prevostini, professeur de tenue de livres et de comptabilité. 2º édit. in-18. . . . . 1 fr.

PHYSIOLOGIE DU CHANT, par Stéphen de la Madeleine, ex-récitant de la chapelle royale et à la musique particulière du roi. 1 vol. grand in-18, orné du portrait de l'auteur. . . . . 2 fr. 50 c.
M. Stéphen de la Madeleine qui, avant de devenir un littérateur distingué, était un artiste du premier mérite,

a réuni en un volume, sous le titre de PHYSIOLOGIE DU CHANT, une série d'articles en partie publiés dans la FRANCE MUSICALE sur l'enseignement public et particulier de la vocale.

TRAITÉ DE LA NATATION où l'art de nager est démontré avec la plus grande précision ; suivi d'observations sur l'influence des bains sur la santé. 35 c.

ALMANACH DU CHASSEUR de papillons et de toutes autres espèces d'insectes. 1 vol. in-18. . 75 c.

TABLEAU DE L'HISTOIRE LITTÉRAIRE UNIVERSELLE, depuis les temps les plus reculés jusqu'à nos jours, par M. Zaccone. 1 vol. in-18. . . . . 75 c.

TRAITÉ DE LA PATINOTECHNIE, ou l'art de patiner, par A. Covilbeaux, professeur attaché à l'instruction publique. 1 vol. grand in-18, orné de 15 belles lithographies. . . . . 1 fr. 25 c.

En couleur. . . . . 2 fr.

HISTOIRE NATURELLE DES PAPILLONS ET DES CHENILLES, par Constant, à l'usage des amateurs, contenant le calendrier du chasseur de ces insectes, la manière de les conserver, d'en faire des collections inaltérables, d'élever les vers à soie. 1 vol. orné de 16 belles lithographies.

En noir. . . . . 2 fr. 50 c.
En couleur. . . . . 4 fr. »
Cartonné. . . . . 4 fr. 75 c.

TRAITÉ DE TAXIDERMIE ou l'art de mégir, de parcheminer, d'empailler, de monter les peaux de tous les animaux ; de prendre, préparer et conserver les papillons et toutes les autres espèces d'insectes ; précédé des procédés Gannal ; 4e édition, revue et augmentée. . . . . 1 fr.

HYGIÈNE DU FUMEUR ET DU PRISEUR, 1 joli vol. in-18, illustré. . . . . 1 fr.

MANUEL ÉCONOMIQUE DE LA CUISINIÈRE, 1 vol. in-12. . . . . 50 c.

MANUEL ÉCONOMIQUE DE LA MÉNAGÈRE. . . . . 50 c.

MANUEL DE L'OUVERTURE DES SUCCESSIONS ET DU VEUVAGE, contenant les formalités à remplir en matière de succession, tutelle, subrogée-tutelle, inventaire, partage, reprises matrimoniales, conservations des droits des mineurs, droit de mutation, etc. 1 vol. in-18. . . . . 60 c.

LES ÉCRIVAINS DE LA MANSARDE, poésie et prose. 2 beaux vol. in-8º, avec couverture lithographiée, le vol. 2 fr.

NOUVEAU TARIF POUR LE CUBAGE DES BOIS, suivi d'un Tarif pour le poids du bois, par Berthelot. 1 vol. in-12. . . . . 1 fr. 50 c.

ALBUM ARTISTIQUE, ou Traité complet de coloris, grand in-4. . . . . 1 fr.

— Avec une gravure coloriée du même format. . 2 fr.

PEINTURE LITHOCHROMIQUE ou imitation sur toile, et l'art de donner aux objets dessinés au crayon, à l'estompe, aux lithographies, gravures, etc., l'apparence d'une jolie peinture à l'huile, suivie des procédés pour peindre et décalquer sur le bois et les écrans et d'obtenir, avec un petit nombre de couleurs toutes espèces de nuances, 5º édition in-18. . 75 c.

LA PUNCTOGRAPHIE, Méthode pour faire en quatre heures et sans frais 20 beaux portraits, paysages, sans connaître le dessin ; suivie de la manière de graver sur bois, in-12. . . . . 75 c.

PEINTURE ORIENTALE ou l'art de peindre sur papier, mousseline velours, bois, etc., et de décalquer sur verre, suivie de la PEINTURE SUR PORCELAINE, sur verre et sur cristaux, procédés de la manufacture nationale de Sèvres. 3º édition augmentée, grand in-18. . . . . 75 c.

IMITATION DES LAQUES chinoises, anglaises et japonaises, suivie de la chiffonomie, la gouache, la marquetterie, avec planches. . . . . 1 fr.

NOUVEAU GENRE DE DESSIN à la mine de plomb av ecplanche. . . . . 1 fr.

PEINTURE SUR PAPIER DE RIZ, avec planches. . . . . 1 fr.

TRAITÉ DE COLORIS, avec planche. . . . 1 fr.

NOUVEL ALBUM DE PEINTURE DE FLEURS, traité d'aquarelle mis à la portée de tout le monde, orné de 10 belles planches d'études graduées, par Chaudesaigues fils, peintes par Huguet, artiste de la manufacture des Gobelins. Grand in-18. . . . . 1 fr.

MANUEL ARTISTIQUE ET INDUSTRIEL, mis à la portée de tout le monde, contenant les vingt Traités suivants : de Géométrie, de Perspective, de Miniature, de Pastel, de Dessins en cheveux, de Peinture à l'huile, de Moulage et de Coulage sur plâtre, bronze et nature, de Sculpture sur bois, pierre, marbre et albâtre, de Gravure en taille-douce, à l'eau forte et sur bois, de Dorure, de la Fonte, du Fer, de l'Art nautique sur les riviéres, côtes et bassins, des Poids et Mesures ; suivis d'articles des plus utiles et des plus curieux, par M. Thénot, professeur de perspective. 1 vol. in-18, avec planches, contenant la matiére d'un in-8°. . . . . 1 fr.

2e **MANUEL ARTISTIQUE ET INDUSTRIEL**, mis à la portée de tout le monde, contenant les Traités de Dessin industriel, linéaire et perspective, des ombres, hachures et estompes, de paysage, etc., avec 22 planches dans le texte. Par Thénot, peintre et professeur de perspective. 1 vol. in-18. . . . . 1 fr.

VOYAGE PITTORESQUE EN ALSACE par les chemins de fer, illustré de nombreux sites et points de vue. 1 vol. grand in-8°, par de Rouvrois. . . 5 fr.

LA VÉRITABLE PERFECTION DU TRICOTAGE, avec 35 planches, 1 vol. in-12. . . . 1 fr.

LE TRÉSOR DES MÉNAGES, ou l'art d'enlever soi-même toutes les taches sur toutes les étoffes et sur toutes couleurs, etc. Par Fortier, teinturier. 1 vol. in-12. . . . . 1 fr.

BIOGRAPHIES DE ROBESPIERRE ET DE CAMILLE DESMOULINS, grand in-18 avec portraits. . . . . 50 c. chaque.

MANUEL D'HORLOGERIE PRATIQUE, mis à la portée de tout le monde ; démonstration de l'échappement à cylindres et du repassage des dites montres par des moyens simplifiés, avec 4 planches. par C.-F. Robert, élève des écoles de l'horlogerie suisse, breveté du gouvernement français. . . 1 fr.

TABLES DÉCIMALES, ou compte résolus du prix des objets d'après le système obligatoire des poids et mesures, suivies de Tables comparatives avec des exemples pour tous les cas, Tables d'intérêt, etc., de Stéréométrie ou de solivage des bois, avec leur pesanteur, leur résistance et leurs prix proportionnels ; de mélange et de réduction des eaux-de-vie, avec les différentes manières de les peser, etc., etc. Par Michaut-Delacroix. 1 vol. in-8º. . . . . 6 fr.

PETIT CALCULATEUR commercial et industriel. Par le même. 1 vol. in-18. . . . . 1 fr.

GUIDE du consommateur de chocolat, de thé et de café. Par Perron, fabricant, brochure in-8º. . 15 c.

PARIS INCOMPATIBLE AVEC LA RÉPUBLIQUE, plan d'un nouveau Paris où les révolutions seront impossibles. Par Henri Lecoutusies. 1 vol. in-18. . . . . 50 c.

LA FRANCE RÉPUBLICAINE, épisodes des trois premiers mois de la République. — Evénements de février. — Anecdotes. — Distribution des drapeaux. — Manifestation soi disant polonaise. — Violation de l'Assemblée nationale. — Fête de la Concorde. Par Jules Lamarque. 1 vol. in-8º. 1 fr. 25 c.

TRAHISONS et conspirations des Napoléon Bonaparte contre la République française, in-folio. 10 c.

Impr. de Pommeret et Moreau, quai des Grands-Augustins, 17.

ALMANACH

DES

AMOUREUX.
POUR 1848.

PARIS,

DESLOGES, Éditeur, 39, rue Saint-André-des-Arts.

LA GRANDE CHAUMIÈRE

LE PÈRE LAHIRE

Romances en vogue, Types, Mœurs, etc., etc.

DES CÉLÈBRES CITOYENNES

Pochardinette, Rose-Pompon, Louise-la-Balocheuse, Pauline-la-Folle, Séraphine, Pavillon, Sophie Ponton, Pauline-la-Grande, la brune Marie, la blonde Jenny, Elisa, Marionnette, Frisette, Rigolette, Clarinette, Desgranges, Guitard, Maria, Rose-l'Epanouie, Blanche, Zélie, Brididi, Durando, Pomaré, Mogador, etc.

Par Armand POMMIER.

1 vol. in-18 illustré. — Prix : 50 cent.

www.ingramcontent.com/pod-product-compliance
Lightning Source LLC
Chambersburg PA
CBHW070917280326

41934CB00008B/1766